BEI GRIN MACHT SICH IHR WISSEN BEZAHLT

- Wir veröffentlichen Ihre Hausarbeit, Bachelor- und Masterarbeit

- Ihr eigenes eBook und Buch - weltweit in allen wichtigen Shops

- Verdienen Sie an jedem Verkauf

Jetzt bei www.GRIN.com hochladen und kostenlos publizieren

Bibliografische Information der Deutschen Nationalbibliothek:

Die Deutsche Bibliothek verzeichnet diese Publikation in der Deutschen Nationalbibliografie; detaillierte bibliografische Daten sind im Internet über http://dnb.d-nb.de/ abrufbar.

Dieses Werk sowie alle darin enthaltenen einzelnen Beiträge und Abbildungen sind urheberrechtlich geschützt. Jede Verwertung, die nicht ausdrücklich vom Urheberrechtsschutz zugelassen ist, bedarf der vorherigen Zustimmung des Verlages. Das gilt insbesondere für Vervielfältigungen, Bearbeitungen, Übersetzungen, Mikroverfilmungen, Auswertungen durch Datenbanken und für die Einspeicherung und Verarbeitung in elektronische Systeme. Alle Rechte, auch die des auszugsweisen Nachdrucks, der fotomechanischen Wiedergabe (einschließlich Mikrokopie) sowie der Auswertung durch Datenbanken oder ähnliche Einrichtungen, vorbehalten.

Impressum:

Copyright © 2015 GRIN Verlag
Druck und Bindung: Books on Demand GmbH, Norderstedt Germany
ISBN: 9783668742680

Dieses Buch bei GRIN:

https://www.grin.com/document/431159

Johannes Veeh

Ansätze zur Enterprise Application Integration (EAI) sowie deren Vorteile und Risiken

GRIN Verlag

GRIN - Your knowledge has value

Der GRIN Verlag publiziert seit 1998 wissenschaftliche Arbeiten von Studenten, Hochschullehrern und anderen Akademikern als eBook und gedrucktes Buch. Die Verlagswebsite www.grin.com ist die ideale Plattform zur Veröffentlichung von Hausarbeiten, Abschlussarbeiten, wissenschaftlichen Aufsätzen, Dissertationen und Fachbüchern.

Besuchen Sie uns im Internet:

http://www.grin.com/

http://www.facebook.com/grincom

http://www.twitter.com/grin_com

Inhaltsverzeichnis

Abbildungsverzeichnis .... B
Abkürzungsverzeichnis .... B
1 Einleitung 1
   1.1 Motivation 1
   1.2 Zielsetzung und Vorgehensweise 1
2 Grundlagen zu EAI 2
   2.1 Definition und Entstehung von EAI 2
   2.2 Ziele von EAI 3
   2.3 Integrationskonzepte 4
      2.3.1 Präsentationsintegration 5
      2.3.2 Datenintegration 5
      2.3.3 Funktionsintegration 6
3 Vorgehensweise zur Einführung einer EAI-Lösung 6
   3.1 Zielsetzung 6
   3.2 IST-Analyse 7
   3.3 Lösungskonzept 7
   3.4 Realisierung 8
4 Vorteile und Risiken von EAI 9
   4.1 Vorteile 9
   4.2 Risiken 9
5 Fazit 10
Literaturverzeichnis I

Abbildungsverzeichnis

Abb. 1: Beispiel einer gemischten EAI-Architektur 3
Abb. 2: EAI im Vergleich zu traditionellen Integrationsansätzen 4
Abb. 3: Anforderungskriterien an eine EAI-Lösung 8

Abkürzungsverzeichnis

B2B	Business to Business
BPM	Business Process Management
CORBA	Common Object Request Broker Architecture
EAI	Enterprise Application Integration
EDIFACT	Electronic Data Interchange For Administration, Commerce and Transport
ODBC	Open Database Connectivity
PoC	Proof of Concept
RMI	Remote Method Invocation
ROI	Return on Investment
RPC	Remote Procedure Call
SCM	Supply Chain Management
XML	Extensible Markup Language

1 Einleitung

1.1 Motivation

Nicht erst seit der weltweit zunehmenden Globalisierung, durch die sich immer mehr Unternehmen zusammenschließen oder von Konzernen übernommen werden, ist Enterprise Application Integration (EAI) ein wichtiges Thema für die Wirtschaft geworden. Auch das Internet kann als Treiber für den EAI-Einsatz gesehen werden, da der Internetauftritt in vielen Branchen als Kommunikationskanal für weiterführende Services zunehmend an Bedeutung gewinnt. Außerdem sind im Rahmen des Supply Chain Managements (SCM) eine steigende Anzahl an Informationsaustauschbeziehungen zwischen Unternehmen wahrzunehmen, um Kosten- und Geschwindigkeitsvorteile gegenüber anderen Wertschöpfungsketten zu erzielen.[1]

Historisch bedingt gibt es immer noch viele alte Anwendungssysteme, sogenannte Legacy-Systeme, die für wichtige Kernprozesse einer Unternehmung verantwortlich, aber nur unzureichend oder überhaupt nicht integriert sind. Es ist aber nicht immer zielführend sich durch Software-Reengineering dieser Altlasten zu befreien und die Anwendung auf eine neue integrierte Plattform umzustellen. So konnte noch niemand eindeutig beweisen, dass durch eine Umstellung das neue System leichter zu warten, weniger fehleranfällig, sicherer oder transparenter geworden ist.[2]

Die von der Wirtschaft geforderte hohe Flexibilität der Anwendungssysteme kann nur erreicht werden, wenn eine technische Lösung geschaffen wird, die es ermöglicht neue Anwendungen mit Legacy-Systemen, sowohl inner-, als auch zwischenbetrieblich zu verbinden, um den größtmöglichen Nutzen für die Geschäftsstrategie herausholen zu können. Eine Antwort für die Verknüpfung der Systeme bietet EAI an.

1.2 Zielsetzung und Vorgehensweise

Zunächst wird im allgemeinen Teil der vorliegenden Arbeit der Begriff EAI definiert und die mit diesem Konzept erwünschten Ziele erläutert. Daraufhin werden die drei Integrationsarten Präsentations-, Daten- und Funktionsintegration vorgestellt.

---
[1] Vgl. Meyer et al. (2002), S. 206
[1] Vgl. Sneed (2002), S. 3

Wegen des umfangreichen Themas setzt sich der Autor in Kapitel 3 das Ziel, sich mit dem Ablauf zur Einführung einer EAI-Lösung in einem mittelständischen Unternehmen auseinander zu setzen. Da eine EAI-Implementierung keinen Selbstzweck darstellt, sondern sich an der Geschäftsstrategie des Unternehmens orientieren muss, ist die richtige Vorgehensweise umso wichtiger, um einen entsprechenden Return on Investment (ROI) für das Projekt zu erreichen. Abschließend werden die Vorteile und die Risiken einer solchen Lösung aufgezeigt und ein Fazit über die vorliegende Arbeit gezogen.

2 Grundlagen zu EAI

2.1 Definition und Entstehung von EAI

Unter Enterprise Application Integration (EAI) sind Technologien zu verstehen, die automatisiert die Kommunikation und Interoperabilität zwischen den unterschiedlichsten Anwendungssystemen und Geschäftsprozessen innerhalb und zwischen Organisationen ermöglichen.[3] Im Gegensatz zur klassischen Middleware, die versucht die Integration der heterogenen Systeme möglichst standardisiert zu ermöglichen, ist EAI aufgrund der Ganzheitlichkeit und Prozessorientierung auf einem höheren Abstraktionsniveau angesiedelt. Die weniger ausgeprägte Nähe zu bestimmten Applikationen ermöglicht eine höhere Flexibilität und Konfigurierbarkeit über die verschiedensten Anwendungen hinweg.[4]

Die im Laufe der letzten Jahrzehnte evolutionär entstandene Systemlandschaft eines Unternehmens ist typischerweise dadurch geprägt, dass sich die Applikationen vertikal an den Funktionalbereichen orientieren. Seit Beginn der 90er Jahre werden diese Nachteile durch Querschnittssysteme aufgefangen, in denen Unternehmensdaten integriert verwaltet werden.[5] Die neuen Herausforderungen der Globalisierung und der Einsatz von Web-Portalen machen es aber nun notwendig die Anwendungen auch vertikal zu integrieren. Mit dem Einsatz von EAI wird eine umfassende Lösung angeboten, bei der die Applikationen weiterhin unabhängig voneinander bleiben. Abbildung 1 zeigt

---

[3] Vgl. Winkeler et al. (2001), S. 8
[4] Vgl. Meyer et al. (2002), S. 204
[5] Vgl. Schelp (2002), S. 7 f.

die Komponenten einer möglichen EAI-Architektur, die in der Praxis aber nicht so deutlich von einander getrennt sind.

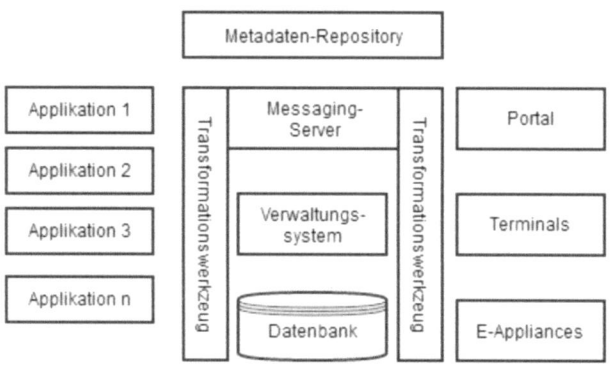

Abbildung 1: Beispiel einer gemischten EAI-Architektur[6]

2.2 Ziele von EAI

Da es sich bei EAI um einen Sammelbegriff von Lösungen zur Integration von heterogenen Anwendungssystemen innerhalb eines Unternehmens und über dessen Grenzen hinweg handelt, sind die zu erreichenden Ziele vielfältig und können daher bei den einzelnen Projektstellungen variieren. Als ein Hauptziel von EAI ist die Optimierung und Erweiterung der Programme über die Geschäftsprozesse hinweg zu nennen. Dazu werden die heterogenen Anwendungssysteme konsolidiert und koordiniert, was einen einheitlichen Zugriff und eine Konsistenzsicherung der Daten ermöglicht.[7] Die somit erreichte Standardisierung der Kommunikation zwischen den einzelnen Komponenten der verteilten Anwendungssysteme homogenisiert die komplette Systemarchitektur innerhalb und außerhalb des Unternehmens.[8] Dies begünstigt außerdem eine Einführung von neuen Technologien in die bestehende Anwendungslandschaft, ohne auf alte Programme verzichten zu müssen.

---

[6] In Anlehnung an Schelp (2002), S. 15
[7] Vgl. Conrad et al. (2006), S. 6
[8] Vgl. Ferstl et al. (2013), S. 430

2.3 Integrationskonzepte

Die Formen der Integration von Anwendungssystemen lassen sich in die Integrationstiefe - vertikale Integration - und die Integrationsbreite - horizontale Integration - einteilen. Unter dem zweitgenannten versteht man das Ausmaß, in dem Applikationen integriert werden. So ist bei diesem Ansatz zu entscheiden, welche Systeme entlang der Wertschöpfungskette innerhalb und welche unternehmensübergreifend integriert werden. Eine hohe Integrationsbreite ist anzutreffen, wenn die Funktionalität der Anwendung von der Produktion bis zur Fakturierung oder sogar bis in das nächste Unternehmen reicht. Dadurch können Prozess- und Medienbrüche in der Verarbeitung von Informationen verhindert werden, womit der Automatisierungsgrad gesteigert wird. Wie der unten stehenden Grafik entnommen werden kann, unterscheidet sich EAI hinsichtlich Flexibilität und Integrationsgrad von traditionellen Ansätzen der Anwendungsintegration erheblich. Im Gegensatz zu Data-Warehouse und Middleware basierten Lösungen weißt EAI die höchste Flexibilität auf.[9]

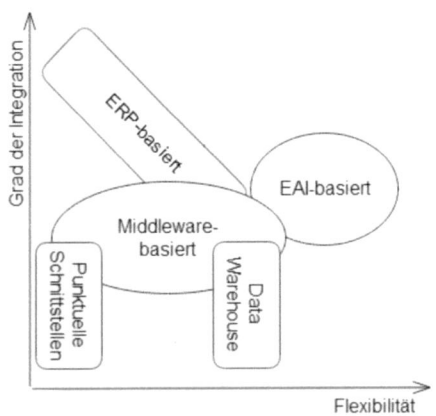

Abbildung 2: EAI im Vergleich zu traditionellen Integrationsansätzen[10]

Bezüglich der Integrationstiefe sind die drei Ebenen Präsentations-, Daten-, und Funktionsintegration zu unterscheiden. Diese Form integriert die verschiedenen Anwen-

---
[9] Vgl. Meyer et al. (2002), S. 211 f.
[10] In Anlehnung an Meyer et al. (2002), S. 211

dungssysteme, die bislang getrennt voneinander arbeiteten.[11] Die drei Ebenen werden in den folgenden Kapiteln detailliert erläutert.

2.3.1 Präsentationsintegration

Die Präsentationsintegration stellt die einfachste Herangehensweise dar, da hierbei dem Benutzer die verschiedensten Anwendungen nur in einer einheitlichen Anwendungsoberfläche dargestellt werden. Der Anwender erhält dadurch den Eindruck, als arbeite er mit einer einzigen Applikation, obwohl sich unter einer gemeinsamen Oberfläche verschiedene Applikationen verbergen.

Da diese Integrationsform relativ einfach zu realisieren ist, ist sie bei einer Reihe von Legacy-Systemen anwendbar, die schlecht dokumentiert sind und eine hohe interne Komplexität besitzen. Außerdem wird sie bei Anwendungen eingesetzt, die über keine geeigneten Schnittstellen verfügen, um auf Daten und Funktionen zugreifen zu können. Somit werden die Möglichkeiten bei dieser „oberflächlichen" Integration jeweils für die einzelne Anwendung an sich genutzt, eine gemeinsame Nutzung bzw. Austauschbeziehung zwischen den Applikationen findet allerdings nicht statt.[12] Eine Möglichkeit der Realisierung dieser Integrationsform ist das Screen-Scrapping. Dabei werden die Daten an verschiedenen Bildschirmkoordinaten oder aus Datenflüssen ausgelesen und in das benötigte Format umgewandelt, um die Informationen einheitlich präsentieren zu können.

2.3.2 Datenintegration

Die Datenintegration geht einen Schritt weiter, indem sie den Anwendungen auf der Ebene der Datenstrukturen einen Austausch ermöglicht. Um den maximalen Nutzen aus dieser EAI-Lösung ziehen zu können, ist es notwendig, die Datenmodelle vorab mittels generischer Business-Objekte zu vereinheitlichen.[13] Technologien, die einzeln oder in Kombination eine Datenintegration unterstützen, sind Open Database Connectivity (ODBC), Datenbank-Middleware und Datentransformationstechniken. Somit ermög-

---

[11] Vgl. Conrad et al. (2006), S. 4
[12] Vgl. Meyer et al. (2002), S. 208 f.
[13] Vgl. Dangelmaier et al. (2002), S. 67

licht diese Integrationsart eine Erschaffung und Erhaltung der Aktualität und Konsistenz verschiedener Datenbestände, die für den Aufbau eines Data Warehouse oder von Data Marts nützlich sein können.[14]

2.3.3 Funktionsintegration

Die Integration auf Funktionsebene bietet die umfassendsten Möglichkeiten der Verbindung verschiedener Anwendungen, da sie die Integration auf Präsentations- und Datenebene einschließt. Um die Daten und Funktionen über verschiedene Applikationen hinweg nutzen zu können, ist es allerdings erforderlich, dass die Hersteller dieser Programme Source-Code und Schnittstellen offen legen, was nicht in jedem Fall möglich ist.[15] Zur Nutzung der Funktionalität werden oft die Middleware-Ansätze Remote Procedure Call (RPC), Remote Method Invocation (RMI) und Common Object Request Broker Architecture (CORBA) eingesetzt, die entweder jeweils für sich oder in Kombination verwendet werden.[16] Diese EAI-Lösung erlaubt somit die gemeinsame Nutzung von vorhandenen Funktionalitäten mit den dazugehörenden Integritäts- und Plausibilitätsprüfungen. Dabei erhöht die Integration auf Funktionsebene die Flexibilität und Effizienz der Informationssysteme innerhalb der Geschäftsprozesse.

3 Vorgehensweise zur Einführung einer EAI-Lösung

3.1 Zielsetzung

Ausgehend von der Geschäftsstrategie für die kommenden Jahre, müssen zu Beginn des EAI-Projekts die IT-Ziele abgeleitet werden. Ist beispielsweise für das mittelständische Unternehmen geplant, ein E-Business aufzubauen, so muss die angestrebte EAI-Lösung die entsprechenden Adapter für die elektronischen Marktplätze besitzen. Wird dagegen momentan oder in Zukunft B2B-Kommunikation betrieben, so ist es sinnvoll, dass Konverter vorhanden sind, die XML-Dokumente mit Hilfe einer Mapping-Tabelle in EDIFACT-Nachrichten und umgekehrt umwandeln können.

---

[14] Vgl. Meyer et al. (2002), S. 209
[15] Vgl. Meyer et al. (2002), S. 211
[16] Vgl. Conrad et al. (2006), S. 18

3.2 IST-Analyse

Nun ist es wichtig zu wissen, in welche IT-Landschaft die geplante EAI-Lösung eingebaut werden soll. Dies wird erreicht, indem die Dokumentation der IT-Systeme gesichtet wird. Sollte es keine oder keine vollständige Beschreibung geben, so ist eine IST-Aufnahme notwendig. Besonders wichtig für das neue EAI-Konzept sind hierbei die Schnittstellen existierender Anwendungssysteme.

Ein parallel stattfindendes Review mit einer aussagekräftigen Projektdokumentation verhindert, dass das geplante Projekt nicht im Konflikt zu anderen Vorhaben steht und Synergien zu anderen Projekten geschaffen werden können. Aus diesem Dokument sollten die Ziele des Vorhabens, die Wirtschaftlichkeit, der Ressourcenbedarf und der Zeitplan hervorgehen.

3.3 Lösungskonzept

Nach den beiden vorangegangenen Schritten zur Zielsetzung und der IST-Analyse kann nun am Lösungskonzept gearbeitet werden. Zuerst werden hierfür die zukünftigen Business-Prozesse designt, bevor diese danach mit IT-Werkzeugen umgesetzt werden können.

Make or Buy? Diese Frage ist auch für eine EAI-Lösung von großer Relevanz, die mitunter von der existierenden Umgebung, dem vorhandenen Know-how sowie der zukünftigen individuellen Entwicklung des eigenen Unternehmens entschieden wird. Wählt man die Kaufoption, geht es nun an den Softwareauswahlprozess. Dabei werden anhand einer unternehmensbezogenen Anforderungsliste einige wenige Anbieter ausgewählt, die ihr Produkt in einem Proof of Concept (PoC) vorstellen dürfen. Hierbei kommt es häufig vor, dass sehr oft mehrere Produkte zu einer passenden EAI-Lösung zusammenkommen, deren gemeinsamer Einsatz aber auf jeden Fall alle Anforderungen erfüllen müssen.

Die in Abbildung 6 dargestellten Anforderungskriterien lassen sich in die Bereiche Design-Time, Run-Time und in allgemeine Architekturkriterien einer EAI-Plattform unterteilen.

Architektur
- Konzepte zur persistenten Datenhaltung - Integration der verschiedenen Elemente des EAI-Systems - Mandantenfähigkeit - Regelbasierter Abgleich zentraler Komponenten (Replikation) - Unterstützte Standards (Orchestration, Datenaustauschformate, Sicherheit)
Design-Time
EAI-Funktionen - Adapter (eigene oder fremde) - Mapping/Transport/Routing-Strategien - Standard-Nachrichtenmanagement/Middleware (Corba, .Net, COM/DCOM) - Applikationsserver (Portal-, J2EE-, .NET-Server etc.) - Testumgebung **Business-Process-Management (BPM)-Funktionen** - Modellierungsumgebung - Notationen (Durchgängigkeit von Geschäftsprozessen zur Message Queing-Modellierung) - Prozess-Engine (regelbasiert, Repository, Administration, Performance) - Prozessmonitoring
Run-Time
- Deployment - Verfügbarkeit - Skalierbarkeit - Sicherheit

Abbildung 3: Anforderungskriterien an eine EAI-Lösung[17]

3.4 Realisierung

Nach der Auswahl des am besten für das eigene Unternehmen passendsten EAI-Tools ist es gerade in größeren Umgebungen sinnvoll mit diesem ein Pilotprojekt zu starten, bevor die Lösung an allen Standorten und Systemen implementiert wird. Hat sich die EAI-Lösung und die Vorgehensweise in der Pilotstellung bewährt, darf das Tool über alle Systeme hinweg ausgerollt werden.

---

[17] In Anlehnung an Schönherr (2015)

4 Vorteile und Risiken von EAI

4.1 Vorteile

Als einer der entscheidenden strategischen Vorteile für die Einführung eines EAI-Tools muss im heutigen Zeitalter des E-Business und der schnellen Unternehmensveränderung die Einrichtung einer flexiblen Infrastruktur gesehen werden, mit der deutlich schneller auf die Änderungen der Geschäftsprozesse reagiert werden kann.[18] Das Unternehmen kann sich somit schneller an die Veränderungen am Markt anpassen und im besten Fall seinen Gewinn steigern. Diese Flexibilität ermöglicht es außerdem Kosten bei zukünftigen Unternehmensaufkäufen oder bei innerbetrieblichen Integrationsprojekten zu sparen. Des Weiteren müssen für die Legacy-Systeme keine neuen Lösungen angeschafft werden, weshalb die EAI-Lösung auch als Investitionsschutz gesehen werden.

Die Vorteile aus technischer Sicht sind sehr abhängig vom eingesetzten Integrationskonzept. Ein wichtiger Punkt ist hierbei die Reduktion der Komplexität durch den geringen Einsatz von Schnittstellen. Da es sich dabei oft um standardisierte Verbindungen handelt, ist auch eine Abnahme beim Erstellungs-, Administrations- und Wartungsaufwand für diese festzustellen. So zeigen Projekterfahrungen, dass bei der Nutzung von EAI-Architekturen zwischen 50% und 80% für den Betrieb und die Pflege der Schnittstellen gespart werden können.[19]

4.2 Risiken

Neben den oben beschriebenen Vorteilen gibt es auch Nachteile, die sich jedes Unternehmen vor der Implementierung einer EAI-Lösung verinnerlichen sollte. Neben dem fehlenden ganzheitlichen Architekturansatz bei der EAI-Integration stellen die nicht unerheblichen Kosten für die Beschaffung, das Customizing und eventuell notwendige Eigenentwicklungen einer entsprechenden Plattform ein Risiko für das Unternehmen dar. So müssen gerade bei Altsystemen erst Konnektoren für die EAI-Lösung entwickelt werden, da diese nicht zur Verfügung stehen. Außerdem sollte eine solche Implementierung nicht als reine Technologieaufgabe gesehen werden, bei der nur das Übertra-

---

[18] Vgl. Dangelmaier et al. (2002), S. 71
[19] Vgl. Trapp et al. (2002), S. 110

gen und Übersetzen von Informationen im Vordergrund steht. Eine Anpassung der organisatorischen Abläufe ist ebenso wichtig, damit die gesamte Wertschöpfung erhöht und das EAI-Projekt nicht zum Scheitern verurteilt ist.[20] Zum Schluss besteht noch die Gefahr, dass die Laufzeit von Altsystemen durch eine EAI-Lösung unnötig verlängert wird, was die Kosten einer späteren Modernisierung des Anwendungssystems erhöht und die komplette Realisierung unwirtschaftlich macht.

5 Fazit

Ausgehend von der Definition des EAI-Ansatzes und neben dessen zeitlicher Einordnung, wurden weiterhin die Integrationskonzepte in der vorliegenden Arbeit vorgestellt. In Kapitel 3 wurde daraufhin eine mögliche Vorgehensweise zur Implementierung einer EAI-Lösung aufgezeigt und im darauffolgenden Abschnitt die Vorteile und Risiken einer solchen Integration in die bestehende Systemlandschaft aufgezeigt. Bei der Einführung von EAI gibt es oft Zielkonflikte zwischen den beteiligten Organisationseinheiten. Gerade wenn neue Einheiten aufgekauft und mit der EAI-Lösung der Muttergesellschaft angebunden werden sollen, die IT-Kosten dafür aber über die neue Gesellschaft abgerechnet werden müssen. Hier ist unter Umständen von der theoretischen Vorgehensweise abzuweichen und ein Kompromiss anzustreben. Auch ist der geforderte ROI für ein solches Projekt manchmal schwer zu bestimmen oder nicht vorhanden, da die eingesparten Kosten für die Zentralisierung oder Verschiebung von Funktionen nicht sofort sichtbar werden. Trotz alledem stellt ein EAI-Konzept in der heutigen globalisierten Unternehmenswelt eine gute Lösung dar, um den reibungslosen Austausch von geschäftskritischen Informationen Richtung E-Business und entlang der inner- und außerbetrieblichen Wertschöpfungskette sicher zu stellen. Wenn der EAI-Ansatz nicht nur als neue, punktuell einsetzbare Technologie begriffen wird, sondern als strategische Chance, um mittels eines strukturierten Transformationsprozesses konsequent Synergien in der bestehenden IT-Infrastruktur zu identifizieren und nutzbar zu machen, kann EAI ein entscheidender Wettbewerbsfaktor für das eigene Unternehmen sein.[21]

---

[20] Vgl. Trapp et al. (2002), S. 112
[21] Vgl. Gröger (2002), S. 91

Literaturverzeichnis

Buchquellen

Conrad, S.; Hasselbring, W.; Koschel, A.; Tritsch, R. (2006): Enterprise Application Integration – Grundlagen – Konzepte – Entwurfsmuster – Praxisbeispiele, Spektrum, Heidelberg

Dangelmaier, W.; Lessing, H.; Pape, U.; Rüther, M. (2002): Klassifikation von EAI-Systemen, in Stefan Meinhardt, Karl Popp (2002/Hrsg.) Enterprise-Portale & Enterprise Application Integration, dpunkt, Heidelberg

Ferstl, O.; Sinz, E. (2013): Grundlagen der Wirtschaftsinformatik, Oldenbourg, München

Gröger, S. (2002): EAI-Konzepte als strategischer Wettbewerbsfaktor im Transformationsprozess bestehender IT-Infrastrukturen im Bankenumfeld, in Stefan Meinhardt, Karl Popp (2002/Hrsg.) Enterprise-Portale & Enterprise Application Integration, dpunkt, Heidelberg

Meyer, M.; Weingärtner, S. (2002): Enterprise Application Integration – Grundlagen, in Matthias Meyer (2002/Hrsg.) CRM-Systeme mit EAI, Vieweg, Braunschweig/Wiesbaden

Schelp, J.; Winter, R. (2002): Enterprise Portals und Enterprise Application Integration, in Stefan Meinhardt, Karl Popp (2002/Hrsg.) Enterprise-Portale & Enterprise Application Integration, dpunkt, Heidelberg

Sneed, H. (2002): Integration statt Migration – Warum es besser ist, alte IT-Systeme so zu lassen, wie sie sind, in Stefan Meinhardt, Karl Popp (2002/Hrsg.) Enterprise-Portale & Enterprise Application Integration, dpunkt, Heidelberg

Trapp, R.; Otto, A. (2002): Einsatzmöglichkeiten von EAI bei Mergers & Acquisitions, in Stefan Meinhardt, Karl Popp (2002/Hrsg.) Enterprise-Portale & Enterprise Application Integration, dpunkt, Heidelberg

Winkeler, T.; Raupach, E.; Westphal, L. (2001): Enterprise Application Integration als Pflicht vor der Business-Kür, in Information Management & Consulting (1/2001),

Artikel aus dem Internet

Schönherr, M. (2015): http://www.erp-management.de/node/386
Abrufdatum: 19. Juli 2015

BEI GRIN MACHT SICH IHR WISSEN BEZAHLT

- Wir veröffentlichen Ihre Hausarbeit, Bachelor- und Masterarbeit

- Ihr eigenes eBook und Buch - weltweit in allen wichtigen Shops

- Verdienen Sie an jedem Verkauf

Jetzt bei www.GRIN.com hochladen und kostenlos publizieren